REGARDS SUR LE CONGO

Dépôt légal: 2014
Bibliothèque et Archives nationales du Québec
Bibliothèque et Archives Canada
©Editions de l'Erablière
5-2130 Rue Galt Crescent, Montréal
Québec, Canada (H4E1H6)
7-450 51e Rue Ouest Charlesbourg
Québec, Québec, Canada (G1H5C5)
ISBN 978-2-9813004-6-1

Jean-Paul Kukabusu

REGARDS SUR LA RD CONGO

Editoriaux et Commentaires de
l'actualité sociopolitique congolaise de
Juin 2013 à Juin 2014

Editions de l'Erablière

PREFACE

J'ai bien connu Jcan-Paul Kukabusu lorsqu'il était étudiant, voici environ trente ans, à la Faculté des Sciences Économiques et Sociales de Namur. Il suivait mes cours d'Introduction générale au droit et de Droit privé. J'ai le souvenir précis d'un garçon intelligent, vif et qui n'avait pas sa langue en poche.

Ces dernières années, il a repris contact avec moi par téléphone – avec pas mal de friture sur la ligne – et, le plus souvent, par mail. Il m'a envoyé régulièrement ses éditoriaux et m'a aussi fait parvenir, par un envoi posté en Belgique par un de ses amis, quelques exemplaires du journal « Le coq chante » qu'il porte à bout de bras avec Michel Nguala, Éditeur.

« Le coq qui chante » est intitulé « Organe d'éveil et de conscientisation du peuple » et les éditoriaux de Jean-Paul Kukabusu répondent parfaitement à cet idéal ambitieux.

Il faut donc se réjouir de les voir rassemblés dans ce livre que j'ai l'honneur et le plaisir de préfacer.

Avec lucidité et fermeté, mais sans céder à l'invective ni à l'outrance, Jean-Paul met sans relâche le doigt sur le paradoxe et le scandale qui caractérisent, hélas, la situation de ce beau pays qu'est la République Démocratique du Congo : un pays potentiellement très riche sur le plan de ses ressources naturelles et sur celui des ressources intellectuelles et humaines de sa population mais dont les performances économiques restent désespérément médiocres ; un pays où règne une grande pauvreté et qui souffre de la corruption comme d'une mauvaise gouvernance chroniques. Voici seulement deux exemples parmi tous ceux que relève Jean-Paul : la RDC a un budget de 7 milliards de dollars comparable à celui du Congo Brazzaville dont la population est vingt fois moins élevée ; le budget alloué au Parlement est plus important que celui dédié à des secteurs aussi vitaux que l'agriculture, la santé publique ou l'éducation. Et le comble c'est que la Cour des comptes relève invariablement que le budget est exécuté sans respecter les lois qui le régissent.

D'où ce constat amer dressé par Jean-Paul : « année après année, un véritable gouffre social semble séparer l'élite dirigeante, (enfermée dans ses îlots de prospérité), de la grande masse (vivant dans un océan de misère). Comble d'ironie, ou plutôt de tragédie, une certaine catégorie des hommes politiques développent une sorte de génie, à soulever des questions juridico-politico-institutionnels, sans rapport direct avec le vécu quotidien des populations. »

Inlassablement et sans se décourager, Jean-Paul Kukabusu appelle au respect des grandes valeurs comme les droits de l'Homme et la séparation effective des pouvoirs ; il demande aux parlementaires de revoir à la baisse leurs prétentions salariales ; il invite les gouvernants à se mettre au service du peuple.

Enfin et surtout, Jean-Paul préconise sans relâche et avec vigueur « la créativité, la mobilisation des ressources de l'imagination » ; il demande au peuple congolais de cesser de croire que le bonheur se trouve au Nord, au Sud, à l'Est ou à l'Ouest : « il est en nous-mêmes », insiste-t-il, « pour autant que nous sachions utiliser les ressources inépuisables de notre cerveau ».

Tous ceux qui, comme moi, aiment le Congo et les congolais se réjouiront de cette publication des éditoriaux de Jean-Paul Kukabusu. En effet, il est un vrai journaliste de libre parole et non ce qu'il appelle un « applaudisseur » des « exploits » du pouvoir en place.

J'espère de tout cœur que les fortes paroles de Jean-Paul Kukabusu contribueront à la conscientisation et à l'éveil du grand peuple congolais.

Michel Coipel
Professeur émérite des Facultés universitaires Notre-Dame de la Paix à Namur

PREAMBULE

En tant que représentant du quatrième pouvoir, un journaliste digne de ce nom doit, comme le disait André Fontaine « fournir au peuple souverain, en toute indépendance vis-à-vis des pouvoirs, des éléments d'information, de compréhension, de jugement à défaut desquels il serait condamné à exercer à l'aveuglette le rôle fondamental à lui confié par le suffrage universel »[1].

Pour cela, il doit, de temps en temps, prendre du recul par rapport à l'actualité au jour le jour. Car, à force de s'enliser dans le quotidien et le ponctuel, il risque de laisser passer l'essentiel, le fondamental et se contenter de l'accessoire et du superficiel. Et ainsi, ne pas permettre au peuple souverain, de percevoir les enjeux.

C'est tout le domaine de l'éditorial. Sa rédaction exige entre autres qualités, une grande liberté d'esprit face à tous les éléments d'appréciation qu'il faut rassembler. Par voie de conséquence l'aptitude à apprécier tous les facteurs en se

---

[1] Cité par JOSE DE BROUCKER, Pratique de l'information et écritures journalistiques, Paris, Editions du Centre de Formation et de Perfectionnement des Journalistes, 1995, p. 22.

gardant à la fois de la surestimation et de la sous-estimation de chacun d'eux.

BECHIR BEN YAHMED, le patron de « Jeune Afrique », un hebdomadaire de la presse internationale qui est devenu une véritable institution dans l'univers médiatique, et éditorialiste de talent depuis plus de 50 ans, estime que cet exercice requiert une discipline rigoureuse.

Ainsi, il estime que « un éditorialiste ne peut pas être bon s'il vit dans l'isolement : lire, réfléchir ne suffisent pas. Il faut le contact, la discussion et le frottement avec les hommes, il faut corriger ses idées ou les infléchir à leur contact, recevoir d'eux des compléments d'information ou de sensibilité...il faut veiller à fréquenter régulièrement, d'abord qui est plus intelligent et plus savant que vous ; ensuite qui est différent : par l'âge, par le sexe, par la race ou le continent sur lequel il vit, par le savoir, par la condition sociale.

Il faut sortir de soi-même et de chez soi (de sa voiture quand on est ministre pour arpenter les rues, aller dans les marchés...).

Il faut voyager, tant il vrai que d'où l'on voit détermine ce que l'on voit, changer d'air et de milieu ! C'est la condition absolument nécessaire (et non suffisante) de la lucidité...

Sortir, voir des gens, ai-je dit. Oui, mais ne pas être pour autant bombardé en permanence par l'information, les idées des autres, soumis aux rayons pénétrants des influences extérieures. Il est nécessaire de s'en extraire périodiquement pour se retrouver, faire le point, distinguer le bon grain de l'ivraie, comme l'on dit.

L'homme de réflexion et d'action, s'il veut se tromper le moins possible, doit donc doser et alterner la compagnie d'autrui – les hommes mais aussi les livres et les médias – et la solitude...

Si pour vous l'humanité est à la fois diverse...mais une, si vous n'avez aucun intérêt particulier à défendre, ni aucune chapelle à protéger, si vous vous employez votre vie durant, à préserver votre indépendance matérielle et d'esprit, si vous bannissez la peur, si vous luttez en permanence contre les préjugés ou la mode intellectuelle,...si vous allez jusqu'à reconnaître vos torts et vos erreurs ainsi que ceux des autres, vous vous mettez dans une situation où vous ne vous trompez que si l'un des facteurs d'une situation vous a échappé ou bien si vous l'avez surévalué ou sous-estimé »[2].

Le présent recueil rassemble quelques-uns des éditoriaux écrits par le journaliste

[2] BECHIR BEN YAHMED, Ce que je crois. Les années d'espoir (1960-1979), Paris, Jeune Afrique Livres, 1989, pp. 21-22

de tempérament et de formation, Jean-Paul KUKABUSU. Ils couvrent une période d'une année pleine de turbulences en République Démocratique du Congo. A vous de juger de leur pertinence.

JOSEPH KABILA ET NOUS

En ce mois de juin 2014, Joseph Kabila qui totalise 13 ans d'exercice de pouvoir suscite toujours autant d'interrogations quant à sa gouvernance.

Lorsque l'histoire repasse les plats, la copie est rarement aussi réjouissante que l'original. Ainsi, généralement, un chef d'Etat qui s'engage pour un second mandat (ou en tout cas qui dure dans l'exercice du pouvoir), se rapproche plus de l'usure que de l'excellence. On l'a constaté sous d'autres cieux avec les présidents DE GAULE, MITTERRAND et CHIRAC.

Notre chef de l'Etat, Joseph KABILA est-il dans ce cas. ? Au regard de la situation actuelle, l'observateur de bonne foi le mieux disposé à l'égard du pouvoir actuel ne peut manquer de se poser cette question.

Cela étant, réélu dans les conditions que l'on sait, Joseph Kabila devait, en théorie compenser ce « déficit démocratique originel » par une indiscutable bonne gouvernance. Hélas, hélas, hélas des faits objectifs semblent indiquer que telle n'est pas la voie qui est suivie.

Toutefois, il faut reconnaître au président de la république, une gestion intelligente de l'agression rwandaise. Depuis la prise de Goma (dont il a obtenu le retrait sans tirer un coup de feu), jusqu'à ce jour, sa politique de petits pas a peu à peu encerclé nos agresseurs politiquement, diplomatiquement et militairement. L'histoire avec un grand H, se chargera d'évaluer la part qui lui revient, celle des circonstances et des autres acteurs.

Là où le bât blesse, c'est au chapitre de la politique intérieure. Tenez, son volontarisme notamment dans la lutte contre la corruption et plus généralement dans l'assainissement des mœurs politiques, condition préalable à l'émergence du pays, semble se limiter à des discours. Sept ans jour pour jour après avoir déclaré dans un discours resté célèbre que « les portes de la prison étaient ouvertes », le Chef de l'Etat a du dénoncer dans une autre adresse « l'ambiance de corruption, de détournement des deniers publics, de coulage des recettes publiques et d'enrichissement illicite ».

Alors que les concertations nationales avaient plaidé pour l'urgence d'un sursaut collectif en faveur de l'excellence, les mesures annoncées tardent à se mettre en place.

Quelques années auparavant, alors qu'un rapport parlementaire avait entre autres recommandations préconisé la mise à l'écart du gouverneur de l'Equateur et son inculpation, le président attendra…quatre bonnes années pour enfin révoquer le gouverneur sur lequel pesaient des graves présomptions de détournement…sans pour autant le mettre à la disposition de la justice.

Des rapports parlementaires accablants comme ceux du sénat sur les mines (2009), sur les télécommunications (2008), ou encore sur la gestion de la Société Nationale d'Electricité (2010) avaient révélé que ces secteurs vitaux étaient gérés de manière mafieuse. Occasionnant des grands dommages pour la nation. Les faits infractionnels dénoncés n'ont eu jusqu'ici, hélas, aucune suite judiciaire. Le chef de l'Etat n'avait pas utilisé ses prérogatives constitutionnelles pour mettre toutes les personnes incriminées à la disposition de la justice.

Ceci expliquant peut être cela, aujourd'hui, à une année d'une première évaluation des objectifs du millénaire auxquels notre pays a librement souscrit, 71 % de la population vivent encore en dessous du seuil de pauvreté. Et l'embellie macroéconomique n'y change rien. Pis encore, le budget 2014 (que le premier ministre a déposé en retard) est comparable à celui…du Congo Brazzaville, pays dont la superficie et les potentialités sont à peu près équivalentes à celles…de la plus petite de nos provinces, en l'occurrence le Bas-Congo.

Au passage, les deux présidents (Assemblé Nationale et Sénat) ont « oublié » de convoquer la plénière de l'opposition en vue de la désignation du porte-parole de cette famille politique.

Il y a quelques années, le président affirmait devant un journaliste de la presse internationale qu'il était mal entouré. Il renchérissait en soutenant qu'il n'avait pas autour de lui cinq collaborateurs compétents et dévoués aux intérêts de la nation, ajoutant qu'il en cherchait désespérément 15. Le moins que l'on puisse dire est que cette situation ne semble pas avoir beaucoup évolué.

A propos précisément de la presse internationale, un de ses représentants, François SOUDAN, porte à l'égard de notre chef de l'Etat un jugement qui ne manque pas de lucidité (dans l'éditorial de Jeune Afrique n° 2755-2756 du 27 octobre au 09 novembre 2013). Tout en saluant la maturité du diagnostic établi par Joseph KABILA au lendemain des concertations nationales, il affirme ce qui suit :

« Kabila I, de 2001 à 2006, fut un jeune homme modeste, attentif et riche de promesses. Kabila II, de la présidentielle de 2006 à hier, un apprenti autocrate à qui des conseillers de l'ombre avaient fait croire que la suffisance goguenarde pouvait tenir lieu de charisme... ». Et le journaliste de s'interroger, en analysant son discours de l'après concertations nationales « un Kabila III gagné par la sagesse au mitan de sa vie est-il né ce 23 octobre ? ».

Le professeur VUNDUAWE soutenait en son temps, lorsqu'il était, il est vrai, loin du cercle présidentiel (Eh oui, dans notre pays, la lucidité est proportionnelle au degré d'éloignement du pouvoir, ou plutôt de la mangeoire nationale) que MOBUTU, alors chef de l'Etat, était entouré par une mafia politico-financière. Ce qui expliquait, à ses yeux, la persistance d'un climat d'impunité et de détournement de deniers publics. Peut-on sérieusement affirmer que ce risque est totalement écarté pour l'actuel chef de l'Etat ?

Il nous appartient tous d'aider Joseph KABILA. Qu'on l'aime ou on qu'on ne l'aime pas, c'est notre Chef de l'Etat. Faisons en sorte que les concertations nationales soient comme le printemps qui apporte lumière et promesses du beau temps. Traitons le Chef de l'Etat comme on aimerait être traité si on était à sa place. Disons lui la vérité en conservant comme le dit la Bible « la bonté de cœur sur la langue ». Loin des flagorneries de bas étage qui rappellent une triste époque, au cours de laquelle, un griot avait lancé, pinces sans rires, à MOBUTU (lors d'un de ses anniversaires) « autant Dieu règne aux cieux, autant vous régnez sur la terre ». Certains dans la classe politique (ou même dans la société civile) ne sont pas loin d'un tel état d'esprit. Tout simplement tragique et grotesque.

ATTENTION AU MAUVAIS ENTOURAGE

La publication, par un proche du chef de l'etat d'un ouvrage tendant à cautionner une révision de la constitution y compris en touchant aux dispositions verrouillées, amène JPK à réfléchir sur le phénomène du pouvoir et la qualité de l'entourage du Chef de l'état

Le Roi Salomon, unanimement reconnu pour sa sagesse légendaire, avait dit un jour, « il n y a rien de nouveau sous le soleil ». Comme pour faire écho à cette réflexion émise par l'auteur des livres de L'Ecclésiaste, de Proverbes et des Cantiques des cantiques (ce dernier étant fort prisé par les amoureux, au point d'oublier les deux autres), le pape Jean-Paul II, avait renchéri en affirmant qu' « il y a des constantes dans le comportement humain qui ne changent pas d'une génération à l'autre ». Il est vrai qu'on a l'impression que sous tous les cieux, à travers le temps et l'espace, les hommes commettent toujours les mêmes fautes.

Ainsi, un homme qui passe brusquement d'un état de pauvreté à celui d'une relative prospérité matérielle, a tendance à se livrer à un péché mignon, les femmes. Ou en tout cas, à une vie festive, parfois sans rapport avec la réalité, ou le simple bon sens, tout occupé qu'il est à satisfaire les plaisirs des sens. Conscient de cette dérive qui guette chaque homme, le livre sacré du coran dans un de ses sourates prévient « la fortune et la gloire t'ont souri, fais attention, ils sont ennemis du bon jugement ».

Il en est de même du pouvoir. Partout, il fait naître les mêmes phénomènes. Son détenteur est aussitôt pris en charge par une cour dans laquelle évoluent toutes sortes d'individus. Notamment des flagorneurs, des profiteurs, des courtisans qui, lorsqu'ils ne se livrent pas à une lutte d'influences entre eux, profitent de leurs positions respectives, pour s'enrichir en marge de la loi et de la morale. Et sont même prêts, hélas, à consulter des personnes peu recommandables, comme les marabouts, pour conserver leurs positions. Ou encore des « prophètes » d'un genre nouveau, (comme la RD Congo en compte trop ces derniers temps) trop sensibles à la gloire et aux biens de ce monde, (au point d'instrumentaliser le Saint-Esprit) pour aboutir à la même finalité.

Du coup, plus le chef est mythifié, vénéré, plus il se sent terriblement seul. Rares sont les personnes, qui, dans son entourage, le servent sincèrement en ne pensant qu'aux intérêts supérieurs de la nation. Bien au contraire, chacun a tendance à tirer la couverture de son côté, pour une même finalité, être dans les bonnes grâces du chef, le célébrer, l'encenser. SAKOMBI INONGO qui a longtemps évolué dans l'entourage de MOBUTU SESE SEKO, l'avait confirmé un jour « on faisait tout pour que MOBUTU demeure éternel ».

SASSOU N'GUESSO, devenu chef d'ETAT du Congo Brazzaville à l'âge de 37 ans, parlant rétrospectivement de son expérience, soutient que « le pouvoir est une chose étrange. Il peut vous rendre fou, intelligent, terriblement optimiste, voire très pessimiste. Dans tous les cas, il vous place impitoyablement face à vos responsabilités ». VALERY GISCARD D'ESTAING, l'ancien président de la République de France (de 1974 à 1981) avait dit un jour, il est vrai au cours d'une émission humoristique, « l'oreille en coin », « les gens qui disent, ''j'aime le pouvoir'' devraient plutôt, pour être sincères, dire ''j'aime l'abus de pouvoir''.

En République Démocratique du Congo, le président Joseph KABILA, à la veille des élections de 2006, et encore auréolé de la caution de la communauté internationale, n'avait que des compliments pour son entourage. Face à François SOUDAN, un confrère de la presse internationale, il avait déclaré « mon entourage est honnête, je le garantis à 100 % ». Aux réserves émises par son interlocuteur du moment, le chef de l'Etat avait ajouté, très sûr de lui « si vous connaissez un cas, ne vous gênez surtout pas, faîtes-le moi savoir ». Hélas, quelques années plus tard, le même Joseph KABILA avouait qu'il n'avait pas plus de cinq collaborateurs compétents et dévoués aux intérêts de la nation. Le raïs ajoutait même qu'il en cherchait désespérément 15.

Hélas, hélas, hélas, les derniers développements de l'actualité politique semblent donner raison au Raïs. Alors que le pays ploie sous d'énormes contradictions pour lesquelles toutes les intelligences, toutes tendances confondues devraient réfléchir, notamment par le biais des concertations nationales, une éminence grise de l'entourage du chef de l'Etat, le très controversé BOSHAB, semble, à travers un livre, apporter, une caution intellectuelle à une éventuelle révision de la constitution. Au besoin en touchant aux dispositions « verrouillées » par le constituant. Pis encore, cet ouvrage a été en partie « financé » (sic) par le gouvernement.

Tout ceci intervient à un moment où le pays, plus que par le passé, présente un tableau peu flatteur. Les bonnes statistiques macroéconomiques cohabitent avec la persistance de la pauvreté de masse. A l'est, le pays occupe les premières places au monde en ce qui concerne le nombre des déplacés et des viols. Pendant ce temps, les institutions politiques s'illustrent par un train de vie au-delà de toute mesure. Pour ne donner qu'un exemple, le parlement, ce « temple de la démocratie » bénéficie des crédits budgétaires, plus importants que ceux alloués aux secteurs aussi vitaux que l'agriculture, la santé publique et l'éducation nationale. Pis encore, dans tous les rapports disponibles de la cour de compte, une phrase revient invariablement « le budget a été exécuté en violation de la loi budgétaire, de la loi financière et du Règlement Général sur la Comptabilité Publique ».

Bref, on est en face d'une situation où les institutions plutôt que de se mettre au service du peuple, semblent mettre le peuple à leur service. Les parlementaires, au nom du peuple sans doute, d'après la presse internationale, veulent percevoir un salaire de 13.000 dollars, c'est-à-dire, plus que...leurs collègues canadiens.

Cela donne le ton à une classe dirigeante se muant en une nouvelle bourgeoisie cherchant à s'enrichir sans travailler, consommer sans produire et bien sûr diriger sans être contrôlé. Tout en ayant une soif inextinguible de respectabilité. Il faut les appeler « honorables » ou « excellences ». Pourtant, si on devait les appeler par rapport à la qualité de leur travail, beaucoup d'entre eux mériteraient le titre de « médiocrité ». Le patron du journal « le potentiel » dont le sens de la mesure est pourtant bien connu, a dans un ouvrage, qualifié le pays de « république des inconscients ». A se demander s'il a été plus sévère ou plus indulgent que le journal satirique « Le Grognon » qui lui, parle carrément, de « pays des fous ».

Invariablement, année après année, un véritable gouffre social semble séparer l'élite dirigeante, (enfermée dans ses îlots de prospérité), de la grande masse (vivant dans un océan de misère). Comble d'ironie, ou plutôt de tragédie, une certaine catégorie des hommes politiques développent une sorte de génie, à soulever des questions juridico-politico-institutionnels, sans rapport direct avec le vécu quotidien des populations. Ou encore avec la nécessité de capitaliser nos potentialités en vue de booster notre pays au rang de pays émergent.

En son temps, le cardinal ETSOU, s'adressant aux politiciens de son pays, avait dit un jour « l'état désastreux dans lequel se trouve le pays, devrait vous rendre plus humbles, moins arrogants et vous pousser à vous interroger sur les motivations profondes de votre engagement politique ».

Au Sénégal, le nouveau président, conscient de la finalité ultime des institutions, s'apprête, à proposer une révision constitutionnelle visant à …supprimer le sénat (une anomalie constitutionnelle selon plusieurs juristes français), et à utiliser ses énormes crédits (plus de 10 millions d'euros par an), pour financer un programme social destiné à faire face aux dégâts causés par les pluies diluviennes. Initiative impensable en République Démocratique du Congo, tant la classe politique, surtout celle évoluant dans l'entourage du chef est experte à recourir au « droit » pour…préserver des privilèges acquis.

Il y a quelques années, en 1990, le président MOBUTU, ayant constaté que son pays, le Zaïre se trouvait « à la croisée des chemins et devant des choix nouveaux », pour ne reprendre que sa propre expression, avait préconisé une consultation populaire sur le fonctionnement des institutions. Et le vieux Marechal s'engageait, en prenant l'opinion nationale et internationale à témoin, à suivre ce que la majorité du peuple allait lui suggérer. L'entourage actuel du chef de L'Etat est-il capable de suggérer une telle chose au Raïs ? Il est permis d'en douter.

QUID DES HOMMES D'ETAT DANS LA CLASSE POLITIQUE CONGOLAISE ?

En ce mois de juin 2014, la persistance de la crispation politique amène JPK à s'interroger sur la présence des hommes d'état au sein du personnel politique de notre pays.

La classe politique congolaise présente, même aux yeux de l'observateur le mieux disposé à son égard, une image contrastée, ou pire, un véritable scandale. La quasi-totalité de ses membres sont bardés des diplômes universitaires, pratiquement dans tous les domaines de la connaissance. Les politiciens congolais ont fréquenté les meilleures universités du globe. Hélas, hélas, hélas, alors qu'ils sont sensés donner un sens et une orientation positive à la vie collective, ils génèrent par leurs comportements quotidiens, une société plutôt médiocre. Une société caractérisée par le culte du paraître plutôt que de l'être, par la recherche d'un gain facile, rapide, sans effort en empruntant des voies détournées dommageables pour la communauté. A tous les niveaux ou presque, l'Etat est perçu comme un instrument d'enrichissement personnel, illicite et rapide...dans l'impunité la plus totale. La république de l'exemplarité, c'est le moins que l'on puisse dire, fonctionne à l'envers, tirant toute la société vers le bas.

Du coup, se pose la question de la présence des véritables hommes d'Etat dans cette classe politique. Henry KISSINGER l'avait dit un jour « un homme d'Etat pense à la prochaine génération alors qu'un homme politique pense à la prochaine élection ». Si telle est la définition, le moins que l'on puisse dire est qu'il y a très peu d'hommes d'Etat en République Démocratique du Congo. Le politicien congolais pense en priorité à la prochaine nomination. Il est même prêt à fréquenter des personnes moralement peu recommandables comme les marabouts pour demeurer ou devenir ministre, ou pour occuper une position dominante dans la société.

Cela soulève plusieurs questions : Notre système éducatif, nos environnements familiaux, nos églises doivent-ils être remis en cause de fond en comble ? Faut-il rétablir les sociétés traditionnelles gardiennes de la morale ? Faut-il soumettre chaque mandataire public à je ne sais quel rite d'engagements devant les ancêtres, un peu comme les femmes du KASAI lors des mariages coutumiers ? (rite qui parait-il, garantit la fidélité à l'époux ?). Quel est l'itinéraire idéal pour produire une stature d'homme d'Etat ?, Une enfance dorée fréquentant les meilleures écoles et universités ? Ou plutôt une enfance prédisposant dès les bas âges au sens des responsabilités ?

Ces questions sont complexes, et ne peuvent pas être toutes traitées dans le cadre strict de cet article. Une observation même sommaire des sociétés humaines révèle que tous les « milieux », tous les « itinéraires » ont produit leurs lots d'hommes d'Etat (ou ayant de telles prédispositions) et leurs « fous ». D'ailleurs la même université produit d'une part des intellectuels, - c'est-à-dire possédant des connaissances étendues dans plusieurs domaines, une grande capacité de réflexion et d'analyse doublée d'une dimension humaniste – et d'autre part, des brillants universitaires avec une échelle de valeurs marquée par la culture de la jouissance. Mario, ce personnage inventé par l'artiste musicien FRANCO LUAMBO MAKIADI (paix à son âme), et qui jouait au gigolo était porteur, d'après son « géniteur » de...cinq diplômes universitaires, provenant des meilleures universités du pays et de l'étranger.

En réalité, ces questions concernent chacun d'entre nous, avant d'intéresser les « spécialistes » plus ou moins compétents, plus ou moins autoproclamés de l'âme humaine. Qu'il s'agisse des éducateurs, des psychologues, des psychiatres, des assistants sociaux...des journalistes.

NELSON MANDELA l'avait dit un jour : chaque être humain a une part d'humanité et de sauvagerie. Il faut, à tous les niveaux, créer un « environnement » susceptible de tirer de chaque homme le potentiel de bien et de créativité qu'il porte en lui. Dans le même temps, il faut réprimer tout ce qui le tire vers la « sauvagerie ».

De toutes les façons, quelles que soient les latitudes, il est des « ingrédients » qui, associés les uns aux autres, produisent la violence : malaise social pour le plus grand nombre, concentration des populations dans des milieux où les conditions d'hygiène sont difficiles à observer, circulation de la drogue, absence de perspectives pour les jeunes, conditions de logement à la limite du supportable pour le plus grand nombre, mauvaise qualité du service public, mépris des besoins et des aspirations des masses, vénération du paraître par l'élite...

C'est en s'attaquant de front à tous ces problèmes, plutôt que de se complaire dans l'autosatisfaction que la classe politique congolaise, surtout celle qui assume le « pouvoir » donnerait une meilleure image d'elle-même, proche des « hommes d'Etat » selon la définition de Henry KISSINGER.

RD CONGO : QUEL BILAN ET QUELLES PERSPECTIVES ?

En ce mois de janvier 2014, période d'échange de vœux JPK s'interroge sur le bilan et les perspectives de la RD Congo

Les chrétiens ont beau représenter une minorité dans le monde, c'est leur calendrier qui s'est imposé à l'ensemble de la planète. Ainsi donc, d'après ce document de référence, nous vivons le premier mois de la 2014ème année depuis la naissance de Jésus-Christ. C'est donc une période à la fois des bilans et des perspectives. C'est aussi le mois où, en RDC, l'on célèbre à la fois les martyrs de l'indépendance et les deux héros nationaux. Ceci expliquant cela, partout dans le monde, ce sont les échanges de vœux pour la nouvelle année. Pour les Chefs d'Etat, il s'agit de s'adonner à un exercice que François Mitterrand, un ancien président Français, jugeait difficile : le message de fin d'année à la nation. Message qui devait être soumis au décryptage dans des milieux divers et variés. Les journalistes, ces historiens du présent, sont également appelés, à évaluer le présent et à éclairer l'avenir.

Face à tous ces enjeux, qu'en est-il de la République Démocratique du Congo en termes de bilan et de perspectives. A ce sujet, une évidence s'impose : d'où l'on est détermine ce que l'on voit. La perception de la réalité présente et future, est différente selon que l'on voit la bouteille à moitié pleine ou à moitié vide.

Ceux qui voient la bouteille à moitié pleine soulignent une certaine dynamique positive qui, année après année, s'inscrit dans le paysage quotidien. Aujourd'hui, plus que hier, le congolais moyen a plus facilement accès aux services bancaires. Avec l'irruption continue des nouvelles technologies de l'information et de la communication, ses possibilités de se cultiver se multiplient. Dans les grandes villes, en particulier à Kinshasa, la grande distribution, notamment à travers les grandes surfaces comme Peloustore ou Food-market, s'imposent comme une réalité. Et ce, dans un contexte, où les observateurs les plus sévères à l'égard du gouvernement, constatent une stabilité macroéconomique. La monnaie nationale résiste bien à l'assaut du dollar, permettant ainsi des prévisions fiables coûts-bénéfices sur une longue période. Et puis, dans chaque corporation, l'on trouve des gens exceptionnels, cultivant les plus hautes valeurs, même s'ils sont minoritaires. A titre illustratif, comme le constatent les responsables sud-africains, les meilleurs médecins œuvrant au pays de NELSON MANDELA viennent...de la République Démocratique du Congo.

Hélas, cette embellie cache mal certaines tares. A l'horizon 2014, c'est-à-dire à la veille d'une première évaluation des objectifs du millénaire dont la finalité est de réduire significativement la pauvreté de masse, la RD Congo compte toujours, d'après la banque mondiale, près de 71 % de la population vivant en dessous du seuil de pauvreté. Malgré ses potentialités énormes, les prévisions budgétaires pour 2014 sont inférieures à celles du...Congo Brazaville dont la population est pourtant 14 fois moins élevée. Elles représentent 10 % de celles des pays comparables comme l'Algérie. La classe dirigeante, si prompte à disserter sur telle ou telle disposition de la constitution, la loi des lois, se caractérise par une violation permanente des lois de la république. En fait, tout se passe comme si, les responsables, plus ils sont situés très haut dans la hiérarchie, plus ils ne s'estiment pas liés par le respect des dispositions relatives à la bonne gouvernance. En particulier la loi budgétaire et celle sur la passation des marchés publics. Résultat : un gouffre social sépare année après année, exercice budgétaire après exercice budgétaire, la classe dirigeante enfermée dans ses ilots de prospérité et la grande masse nageant dans un océan de misère.

Les concertations nationales auront été pour le régime KABILA, un constat d'échec, une douloureuse reddition des comptes d'une certaine gouvernance, caractérisée essentiellement par la perception de l'Etat non pas comme un instrument pour le bien commun mais plutôt comme un paravent pour l'enrichissement rapide et illicite, d'une minorité se recrutant généralement dans la classe dirigeante. A quelques nuances près, le constat établi par les concertations nationales est semblable à celui des...consultations populaires organisées par MOBUTU en 1990. Ainsi, d'un président à l'autre, on semble cultiver une certaine constance dans...la médiocrité.

Face à cette réalité, une évidence s'impose : en vue de consolider les acquis qui sont réels, il faut promouvoir certaines valeurs, notamment, le respect strict des droits de l'homme et la séparation effective des trois pouvoirs traditionnels. Il faut un gouvernement qui gouverne (en partant d'une vision orientée vers le développement), un parlement qui contrôle et une justice indépendante qui sanctionne. Il faut en somme, comme le dirait le président OBAMA, non pas des hommes forts, mais des institutions fortes. C'est à cette seule condition que 2014 sera plus heureuse (ou moins mauvaise, c'est selon) que 2013. Bonne année 2014.

QUELLE ECONOMIE POUR LA RD CONGO ?

La bonne tenue du cadre macroéconomique cohabitant avec la pauvreté de masse, JPK s'interroge sur une économie susceptible de réduire de manière durable la pauvreté

Voilà une question que la classe dirigeante congolaise, (ou d'une manière générale l'élite), quelle que soit sa tendance ne peut éviter. Et pour cause ? Depuis plus de quatre décennies, notre pays connaît une crise économique profonde qui semble résister à toutes les cures. Même aujourd'hui, « l'embellie » dont parlent le premier ministre, et bien sûr, la majorité présidentielle cache mal une réalité peu glorieuse que personne ne nie : La majeure partie de la population (71 % d'après la banque mondiale), vivent en dessous du seuil de pauvreté. C'est dire que la « stabilité macroéconomique » tant vantée, n'a pas, jusqu'à présent, amélioré de manière durable les conditions de vie des populations.

Pourtant, de l'avis des théoriciens les plus qualifiées en sciences économiques, la stabilité macroéconomique devrait, en théorie, provoquer un processus de croissance, de création de richesses, et donc d'élimination progressive de la pauvreté pour le plus grand nombre. En effet, soulignent ces messieurs, la stabilité macroéconomique, c'est-à-dire en gros, la stabilité des prix et du taux de change, permet aux investisseurs de faire des prévisions fiables coût-bénéfices sur une longue période, et donc d'affluer en masse. La création d'entreprises qui en résulte absorbe le chômage, augmente le volume des biens et services sur le marché et apporte des ressources financières supplémentaires à l'Etat à travers les impôts et les taxes.

Hélas, hélas, hélas, dans notre pays, ce « scenario » ne s'est pas jusqu'ici, réalisé à un rythme suffisamment soutenu pour diminuer ne serait-ce que d'un pour cent la pauvreté de masse. Pis encore, de nombreux secteurs de la vie nationale (agriculture, mines, élevage, énergie..) sont largement sous exploités, sous financés et sous managés. Comble de désillusions, même un taux de croissance de 9 % l'an, sur une période de 30 ans, si les tendances démographiques se maintiennent ne permettrait pas à la majorité de la population d'échapper à la pauvreté absolue.

Ce qui rendrait évidemment chimérique l'accession de notre pays au rang de « pays émergent ».

Il nous faut donc emprunter une autre direction, en s'inspirant bien entendu, des leçons de l'histoire économique du monde. A ce sujet, tout le monde en convient, ce sont les économies de l'innovation qui sont les plus performantes, les plus à même d'éliminer la pauvreté. A un moment donné de l'histoire, c'est la révolution industrielle, et donc un bouillonnement créatif dans divers domaines qui a assuré l'avance de l'Europe sur les autres régions du monde.

On peut, toutes proportions gardées, transposer le même raisonnement à propos des quatre dragons asiatiques, qui faut-il le rappeler, sont passés en moins d'une génération, des huttes aux grattes ciel, résultat d'une croissance à deux chiffres de manière ininterrompue sur une longue période.

Dans tous les cas, le rythme de création de richesses, dans l'Asie du Sud Est, sur une période aussi courte a été sans précédent dans l'histoire de l'humanité.

En réalité, une économie innovante, comporte au moins trois caractéristiques.

Primo, une structure du commerce extérieur (ici on fait allusion à la gamme des produits exportés) comportant une très grande part des produits à forte valeur ajoutée, et non simplement des produits à l'état brut. Et aussi l'importation non pas des biens de consommation, mais des biens de production.

Secundo, un dynamisme dans la vie économique tel qu'il se crée plus d'entreprises de production que des entreprises commerciales.

Tertio, des choix économiques tels que, les dépenses d'investissement évoluent plus rapidement que des dépenses de fonctionnement.

C'est dans la mesure où nous nous rapprocherons peu à peu de ces caractéristiques que nous allons intégrer notre économie dans la sphère de l'innovation, et donc dans des perspectives sérieuses d'élimination de la pauvreté pour le plus grand nombre.

Cette perspective exige à tous les niveaux, une véritable révolution mentale. Y compris dans le secteur éducatif. Celui-ci doit former non pas des diplômés appelés à gérer des structures déjà créées, mais plutôt à créer des structures (notamment productives) qui n'existent pas encore. Dans cette même perspective il faut déverser sur le marché non pas des demandeurs d'emplois mais des créateurs d'emplois.

Cet état des choses exige, pour ainsi dire, une éducation à la créativité à tous les niveaux. Une intériorisation de l'esprit du management. Lequel implique une gestion rationnelle de ressources, notamment du temps. Le tout sur fond d'une maîtrise autonome de la science et de la technologie. Surtout celle liée à l'exploitation de nos ressources naturelles.

Ainsi, plutôt que de s'extasier sur les produits conçus et fabriqués ailleurs, travaillons également pour que le monde admire notre génie créateur. Qu'à côté d'un BLACKBERRY (qui est nord-américain) et SAMSUNG (qui est sud-coréen), qu'il y ait, pourquoi pas, un MUTOMBO par exemple. Même dans le domaine cinématographique. Que nos séries envahissent également les télévisions occidentales et même au-delà.

A tous les niveaux, nous devons nous inspirer...de l'agriculture. En inventant l'agriculture, l'humanité a mis au point un principe essentiel de vie ; l'ajournement de la satisfaction immédiate pour jouir des bienfaits durables dans un futur plus ou moins proche. L'agriculture nous enseigne aussi qu'on ne peut avoir tout, tout de suite. Et que les meilleurs « coups » sont ceux qui se préparent patiemment longtemps à l'avance, à partir d'une vision stratégique lucide.

Le moins que l'on puisse dire est que nous sommes encore loin de l'économie de l'innovation. Il suffit pour cela d'observer l'évolution de trois indicateurs indiqués (structure du commerce extérieur, structure des entreprises qui se créent, structure des dépenses). Il n'y a pas de quoi parler avec délectation « d'embellie macroéconomique ».

Une autre preuve de l'archaïsme de notre économie se trouve dans la hauteur de notre budget. Le budget 2014 atteint péniblement 8 milliards pour une population évaluée à près de 70 millions d'habitants. Celui de l'Angola est de 60 milliards de dollars (pour une population évaluée à 20 millions d'habitants). Pis encore, la grande partie des dépenses est constituée des...frais de fonctionnement. Et la classe dirigeante sensée donner un sens et une orientation à l'évolution de la société dans son ensemble ne donne pas toujours, c'est le moins que l'on puisse dire, le bon exemple. Des dépassements de crédits, qui témoignent d'une culture de la jouissance (ou du paraître) en témoigne. Ou encore une institutionnalisation des « dons » devant les caméras sans doute pour satisfaire un ego démesuré.

En fait, pratiquement à tous les niveaux, plus ou moins consciemment, on crée une société de consommation à l'occidentale sans penser à mettre en place un système de production à l'occidentale, alimentant ainsi un « mal développement » qui perdure année après année.

Un sursaut individuel et collectif à tous les niveaux s'impose pour changer le cours de choses. Le pire serait de passer son temps à regarder la paille dans l'œil du voisin sans se préoccuper de la poutre qui encombre sa propre vue. Un sage l'avait dit un jour, le meilleur moment d'agir s'appelle...
MAINTENANT.

LE BUDGET EN RDC, UN SCANDALE POLITIQUE ET MORAL ?

En ce début du mois de septembre 2013, le parlement s'apprête à ouvrir la session de septembre consacrée au budget. JPK débusque les faux fuyants de cet exercice

Après l'euphorie de vacances, un rendez-vous mobilisera, à partir de ce mois de septembre 2013, durant plusieurs semaines, les membres du gouvernement, les députés et l'opinion en général ; c'est la session consacrée comme, chacun sait, à l'examen du budget de l'Etat pour l'exercice prochain, celui de 2014.

On assistera de nouveau à un grand show médiatique. L'opinion sera soumise à des passes d'armes intellectuelles entre députés et membres du gouvernement. Les uns, aussitôt relayés par une certaine catégorie des pensionnaires de la chambre basse du parlement appartenant à la « majorité », salueront les « performances » du gouvernement. Les autres mettront l'accent sur le caractère « irréaliste » du budget. Très peu relèveront une anomalie de taille, l'absence d'une évaluation, sans complaisance, de l'exécution du budget de l'année précédente.

Il est fort à parier que la majorité des députés toutes tendances confondues « oublieront » les questions soulevées, l'année dernière, par le rapport d'exécution du budget 2011. Rapport d'ailleurs obtenu avec peine, tant d'aucuns, évoquant, on ne sait quelle « jurisprudence », avait estimé que le premier ministre ne devait pas être soumis à une telle exigence...la plupart de ses prédécesseurs ne s'étant pas livré à cet exercice.

Ce rapport contenait plus d'interrogations que des réponses. Les divergences sérieuses sur les chiffres de la part des instances de la république ont été à ce point flagrant que ce document avait été adopté...sous réserve de clarification par une commission ad hoc. Il est fort à parier que cette commission ne verra jamais le jour.

Ainsi, sur la hauteur du déficit tout comme sur son affectation, ainsi que sur son mode de financement, les affirmations variaient selon qu'elles provenaient de la banque centrale, du gouvernement, ou de la reddition des comptes. Le rapport avait souligné « la violation de la loi budgétaire, de la loi financière et du Règlement Général sur la Comptabilité Publique». Bien entendu, tout ceci, dans l'indifférence générale des instances judiciaires, notamment du procureur général de la république. Comme si on n'était dans une véritable oligarchie.

Pour se retrouver dans ce véritable show auquel les politiciens s'apprêtent à convier l'opinion, il est bon de partir de quelques données de base, voire de certains faits aujourd'hui incontestables, quelle que soit la sympathie ou l'antipathie que l'on peut avoir à l'égard des gouvernants.

Cela étant, il est bon de rappeler que le budget est un état prévisionnel des recettes et des dépenses au cours d'une période donnée. Dans le cas du budget de l'Etat, cette période est, d'après le cadre juridique qui l'organise, d'une année.

Logiquement et idéalement, le budget devrait traduire, le programme annuel du gouvernement, programme s'inscrivant dans une vaste vision à long terme. A ce niveau, il est opportun de distinguer entre le budget « tel que prévu » et le budget « tel que réellement exécuté ». Car, ne l'oublions pas, une autorité politique doit être jugée non pas à partir de ses intentions, mais plutôt sur les conséquences de ses actes et de ses omissions.

S'agissant de la République Démocratique du Congo, d'un premier ministre à l'autre, un handicap structurel est présent : la taille du Produit Intérieur Brut Commercialisé. Celle-ci représente en gros, la richesse produite à l'intérieur du territoire tel que relevé par les comptes nationaux. Richesse sur laquelle on peut prélever un impôt, et donc engranger des recettes dans les caisses de l'Etat. Or, depuis plusieurs années, cette taille, pour notre pays, dont la population est évaluée à 70 millions d'habitants est comparable à celle du...Congo Brazzaville dont la population est près de 20 fois moins élevée. Résultat, le PIB par habitant du Congo Brazzaville est 20 fois plus élevé que celui de notre beau, cher et grand pays.

A cette pesanteur structurelle, il faut ajouter une tendance relevée il y a plusieurs années par l'actuel président du sénat KENGO WA DONDO, alors premier commissaire d'Etat. En effet, dans les années 1980, il avait relevé que le problème était moins une insuffisance de ressources que celui d'une affectation optimale de moyens financiers disponibles. En fait, comme l'avaient souligné en son temps les évêques, dans notre pays, le budget est sous-estimé en recettes, et inégalement réparti en dépenses. A ce jour, les secteurs les plus vitaux de la république (Mines, Télécommunications, hydrocarbures...) sont précisément ceux où règnent magouilles et...impunité.

A partir de là, nombre d'observateurs, y compris ceux qui sont les mieux disposés à l'égard du pouvoir actuel, dénoncent le train de vie excessif des institutions politiques. Joseph KABILA en personne, au cours d'une réunion interinstitutionnelle, avait plaidé en faveur d'une diminution du train de vie des institutions politiques, de manière à libérer des moyens financiers supplémentaires pour le social.

En RDC, les faits à ce sujet sont étonnants ; l'enveloppe budgétaire du parlement est plus importante que celle du secteur de l'éducation nationale. Les salaires des députés sont deux fois plus élevés que ceux de leurs collègues du Congo Brazzaville dont le PIB par habitant est pourtant 20 fois plus élevé. Ils sont comparables à ceux des...députés britanniques. Donc nos députés si prompts à défendre le peuple en plénière, pensent en priorité lorsqu'ils se retrouvent à huit clos, à leurs propres émoluments. C'est dire l'échelle de valeurs qui les animent.

Dans le même registre, l'enveloppe budgétaire consacrée au fonctionnement de la primature est plus importante que celle consacrée au secteur agricole. On est loin de l'engagement pris il y a quelques années de consacrer 10 % du budget au secteur agricole. Ces dernières années on n'a pas dépassé 2%. Ce qui n'empêche pas le premier ministre de proclamer, sans rire, son intérêt pour le secteur agricole. Aldophe MUZITO avait en son temps inauguré son arrivée au pouvoir en augmentant de 70 %, le budget de la primature.

Et l'enveloppe budgétaire de la présidence est plus importante que celle de la santé publique. A côté de cela, les quelques rapports de la cour de compte relèvent des dépassements des crédits de la part des institutions politiques. C'est-à-dire des institutions qui accaparent déjà une part démesurée de ressources financières disponibles.

Ce qui est encore scandaleux est qu'une certaine catégorie des membres de l'élite dirigeante, à partir de leurs rentes, préfèrent investir dans des ouvrages tels que ...flats hôtels, salles de fêtes. Plutôt que de booster le secteur productif. Pis encore, ils s'arrangent pour bénéficier des exonérations d'impôts.

Dans ces conditions, lorsque l'un ou l'autre animateur d'une des institutions « budgétivores » de la république, fait un « don », et que celui-ci est aussitôt médiatisé, et qu'une certaine presse évoque sa « magnanimité », on nage en plein délire.

Il faut toutefois reconnaître que la stabilité macroéconomique constitue depuis plusieurs années une donnée de base de la vie économique. Encore faut-il qu'elle se traduise par une amélioration du climat des affaires pour attirer, à un rythme satisfaisant les investissements, qu'ils soient d'origine nationale ou étrangère.

La croissance économique, c'est-à-dire, l'augmentation globale des richesses nationales, serait davantage saluée comme une performance si elle s'accompagne d'une affectation optimale de ressources additionnelles. Si elle améliore l'accès de la population à l'eau, à l'électricité, aux soins de santé, aux logements sociaux ou accroit les investissements à impact visible et immédiat pour le plus grand nombre.

En fait, l'idéal serait de répartir les fruits de la croissance en trois pôles ; le premier à ceux qui le produisent (question de l'encourager), le deuxième à la lutte contre la pauvreté, et enfin le troisième à la préparation de l'avenir. Le tout sur fond d'une politique salariale conforme aux normes internationales ou au bon sens. Ce qui évidemment suppose une politique fiscale plus favorable à ceux qui entreprennent, qui créent des richesses. Et surtout l'émergence du pays dans l'économie de l'innovation. Ce qui nous permettrait d'avoir une croissance à deux chiffres de manière ininterrompue à l'instar des quatre dragons asiatiques.

Sinon, on arrive à des aberrations où la croissance économique s'accompagne d'un accroissement des inégalités sociales. Ou encore, en lieu et place des logements sociaux, on assiste à un boom des constructions privées appartenant...à l'élite dirigeante. Ou le ratio entre l'accroissement du parc des véhicules privés et celui des bus destinés au transport en commun, penche scandaleusement en faveur du premier.

En RDC, la population a l'impression depuis des lustres que, les contraintes de la rigueur sont destinées au « petit » peuple, et les fruits de la croissance...à l'élite dirigeante. Pis encore, celle-ci, lorsqu'elle investit se contente des menus fretins qui ne profitent pas au plus grand nombre.

Bien souvent, la « rigueur », les « sacrifices » imposés au « peuple » sont le résultat d'un endettement négocié et utilisé en dehors du peuple pour lequel les politiciens prétendent travailler.

Le budget doit cesser d'être un simple rituel, une simple formalité pour devenir un véritable instrument de la politique économique. Sinon, il deviendra l'expression d'un scandale politique et moral, n'est-ce pas, monsieur MABI MULUMBA, président honoraire de la cour de compte dont les nombreuses recommandations ont laissé à ce point les dirigeants indifférent, que ce professeur en est venu à se demander si le peuple lui-même n'était pas complice de la mauvaise gouvernance ?

BUDGET 2014

1. CREDITS PROVISOIRES OU AVEU D'ECHEC ?

Le budget 2014 ayant été dépose en retard, il n'est ni discuté, ni voté. A la place ce sont des crédits provisoires pour janvier 2014. JPK commente cet évènement

La session budgétaire, inaugurée solennellement le 15 septembre 2013 s'est clôturée, comme le veut le cadre légal, le 15 décembre 2013. Elle aura connu une fin peu glorieuse. Et pour cause, faute d'avoir déposé le budget pour l'exercice 2014 dans les délais légaux, le gouvernement n'aura pas permis à la nation de disposer de cet important instrument de gestion. Au passage, les débats tant attendus n'ont pas eu lieu. Il a fallu, dans des conditions calamiteuses, voter des crédits provisoires pour le mois de janvier 2014.

De toutes les façons, même sans disposer d'une loi des finances votée par le parlement, les gouvernants s'illustrent par un train de vie luxueux à côté de la pauvreté de masse. Ils usent pour cela de toute sorte d'artifices pour actionner le compte général du trésor. Et quand il y a une loi des finances dûment votée par le parlement et promulguée par le chef de l'Etat, ils ne se gênent pas pour la violer impunément. Résultat : des dépassements de crédits record dans le chef des institutions politiques. Le dernier rapport de la reddition des comptes a été très révélateur à ce sujet. La palme revenant...au président du sénat.

Dans notre édition précédente, nous avons qualifié le budget en RDC de scandale politique et moral. Car, loin d'être un instrument de gestion, le budget consacre des inégalités sociales criantes, une sorte d'apartheid social, avec dans le rôle des blancs, la classe dirigeante, notamment les institutions politiques,- et dans celui des noirs, les autres catégories sociales. A côté de cela, le budget légitime également, outre un gouffre social, une sous-estimation criante des recettes. Hélas, les faits nous ont donné raison. A titre illustratif, alors que, dans notre pays, les prévisions s'élèvent pour 2014 à 7 milliards de dollars, au Congo Brazzaville, elles sont de l'ordre de 8 milliards de dollars. Rappelons-le, la population du Congo Brazzaville est 14 fois moins élevée que la nôtre.

Par ailleurs, les chiffres de la banque mondiale révèlent qu'en RD Congo, la proportion de la population vivant en dessous du seuil de pauvreté est de 71 %. Alors qu'au Congo Brazzaville, elle est de…45 %. Face à ces chiffres incontestables, l'observateur le mieux disposé à l'égard du gouvernement ne peut que sourire de manière désabusée lorsqu'à longueur de journée, on nous ressasse des notions telles que stabilité macroéconomique, croissance, clignotants verts…. Tout ceci est finalement d'une dérisoire absurdité.

Le président de la république en personne, a, lors de la clôture des concertations nationales, prononcé un discours qui sonne comme un aveu d'échec. Sept ans, jour pour jour, après avoir proclamé solennellement la fin de la récréation, en déclarant que les portes de la prison étaient désormais ouvertes, il a dû constater que le chemin était encore long à parcourir. Il a de nouveau dénoncé « l'ambiance de corruption, de détournement des deniers publics, de coulage des recettes publiques et d'enrichissement illicite ». Reste à savoir, si les mesures annoncées sont à la hauteur des défis.

Autrement dit, la mise sur pied d'un nouveau gouvernement (manifestement

57

éléphantesque), la nomination d'un conseiller spécial chargé de la lutte contre la corruption et l'enrichissement illicite et…le vote des crédits provisoires pour le premier mois de l'année 2014 sont-ils de nature à susciter une prise de conscience individuelle et collective en faveur de la bonne gouvernance ? On voudrait le croire, ne serait-ce qu'en guise de bonne année 2014.

2. AVEU D'IMPUISSANCE ET DE CORRUPTION

Le vote du budget à la faveur de la sessin extraordinaire amène JPK, arguments à l'appui, à le considérer comme un aveu d'impuissance

La session budgétaire, inaugurée solennellement le 15 septembre 2013 s'est clôturée, comme chacun le sait, sans pour autant doter le pays d'un budget pour l'exercice 2014. Faute d'avoir déposé le budget pour l'exercice 2014 dans les délais légaux, le gouvernement n'aura pas permis à la nation de disposer de cet important instrument de gestion. A la place, la nation s'est dotée, dans des conditions calamiteuses, des crédits provisoires pour le mois de janvier 2014. En attendant, à la faveur de la session extraordinaire convoquée début janvier, le peuple a droit à l'examen du budget qui devra être impérativement promulgué avant le 1er février 2014, question de permettre à l'Etat de fonctionner. Au passage, cette session extraordinaire coutera…au moins 7 millions de dollars au peuple congolais.

De toutes les façons, même sans disposer d'une loi des finances votée par le parlement, les gouvernants s'illustrent, aux frais de l'Etat, par un train de vie luxueux à côté de la pauvreté de masse. Ils usent pour cela de toute sorte d'artifices pour actionner le compte général du trésor. Et quand il y a une loi des finances dûment votée par le parlement, et promulguée par le chef de l'Etat, ils ne se gênent pas pour la violer impunément. Résultat : des dépassements de crédits record dans le chef des institutions politiques. Le dernier rapport de la reddition des comptes a été très révélateur à ce sujet. La palme revenant…au président du sénat.

Dans une de nos précédentes éditions, nous avons qualifié le budget en RDC de scandale politique et moral. Car loin d'être un instrument de gestion susceptible de donner un sens et une orientation aux aspirations collectives, le budget légalise un gouffre social entre l'élite dirigeante et la masse. En plus, il cautionne une sous-estimation criante des recettes. Et donc, la magouille, la corruption surtout au niveau des secteurs aussi juteux que les mines, les télécommunications et les hydrocarbures.

Clôturant les concertations nationales, le président de la république en personne, a, dans son discours, dénoncé une situation, (celle de ces dernières années), caractérisée par « l'ambiance de corruption, de détournement des deniers publics, de coulage des recettes publiques et d'enrichissement illicite ». Situation que reflète parfaitement le budget tel que l'a présenté le premier ministre.

Retenons que la hauteur du budget de la RDC (près de 8 milliards de dollars) est inférieure de celle de...la petite Congo Brazzaville. Pays dont la population est 14 fois moins élevée que la nôtre. Elle représente moins de 10 % du budget...de l'Algérie.

Il y a quelques années, les documents les plus officiels de la République avaient relevé à quel point les secteurs aussi vitaux que les mines et les télécommunications étaient sous-estimées. Suite aux désordres et aux magouilles qui y règnent. Hélas, hélas, hélas, ces deux rapports du sénat, qui contenaient pourtant des faits infractionnels graves, n'avaient pas attiré l'attention du procureur de la république.

Par ailleurs, les chiffres de la banque mondiale révèlent qu'en RD Congo, la proportion de la population vivant en dessous du seuil de pauvreté est de 71 %. Alors qu'au Congo Brazzaville, elle est de...45 %. Face à ces chiffres incontestables, l'observateur le mieux disposé à l'égard du gouvernement ne peut que sourire de manière désabusée lorsqu'à longueur de journée, on nous ressasse des notions telles que stabilité macroéconomique, croissance, clignotants verts.... Tout ceci est finalement d'une dérisoire absurdité.

S'agissant des affectations, notons que, nonobstant le caractère squelettique du budget, nos députés ont des salaires parmi les plus élevés du continent africain. Résultat : leur « générosité » est constamment sollicitée non seulement par les membres de famille, mais aussi par la population. Certains ont fait de la mendicité auprès de l'un ou l'autre « honorable », leur destin.

Dans un pays où le taux de pauvreté est de près de 71 %, la classe politique continue à se comporter comme une bourgeoisie qui veut s'enrichir sans travailler, consommer sans produire, et diriger sans être contrôlé. Les nombreux rapports de la cour de compte en témoignent.

Il est temps que la classe politique se ressaisisse ; il faut diminuer de manière drastique, les crédits consacrés aux « dépenses de souveraineté » et augmenter ceux consacrés au crédit à l'économie ou au secteur productif. Il faut surtout amener les uns et les autres à respecter la loi des finances. Sinon, année après année, exercice budgétaire après exercice budgétaire, la pauvreté de masse va persister, et la perspective de devenir un pays émergent, s'éloigner comme un mirage.

Qu'elle est d'actualité cette adresse du cardinal Frédéric ETSOU BAMUNGWABI, prononcé à l'attention de politiciens congolais en 1993 : « ...le bilan négatif de ces dernières années devrait vous rendre plus humbles, moins arrogants et vous faire réfléchir sur les motivations profondes de votre engagement politique. ''Et maintenant, rois, soyez intelligents ; laissez-vous corriger, juges de la terre'' (Ps 2,10). La force du pouvoir, c'est le bien être de la population. Etes-vous fiers de régner sur un peuple affamé ? »

LES « VRAIES » POTENTIALITES NON EXPLOITEES DE LA R.D. CONGO

Le débat sur le budget ayant polarise l'attention sur l'écart entre richesses potentielles et richesses réelles, JPK s'interroge sur les « vraies » potentialités de notre pays

Depuis trop d'années, le peuple congolais est abreuvé des paroles qui, à l'analyse se révèlent anesthésiantes. Elles entretiennent même le paradoxe, d'une population pauvre sur une terre riche en ressources naturelles. Un peu comme une antilope qui a soif au bord de l'eau. Maints analystes s'étonnent des nombreuses aberrations qu'offre notre pays. Pays potentiellement riche mais avec une des populations les plus pauvres du monde. Gérard De Villiers, qui n'a pas sa langue dans sa poche lorsqu'il s'agit de l'Afrique, affirme même qu'il est scandaleux qu'un pays comme la République Démocratique du Congo puisse avoir du mal à offrir du bonheur à sa population.

Et pour couronner le tout, l'actualité offre aux uns et aux autres du grain à moudre. La

Corée du Sud avec pour toute ressource naturelle...l'homme, est passée en moins d'une génération, des huttes, aux grattes ciels, accumulant au passage des réserves évaluées à près de 300 milliards de dollars. Dans le même temps, la République Démocratique du Congo, un des Etats les plus riches potentiellement, a pratiquement fait le parcours inverse. Au point qu'aujourd'hui, un budget de 7 milliards de dollars, c'est-à-dire comparable à celui du Congo Brazzaville, dont la population est 20 fois moins élevée que la nôtre, est salué, avec le plus grand sérieux, par les gouvernants, relayés par une certaine catégorie des « journalistes », (ou devrait-on dire « applaudisseurs ») comme...une performance. Ou que l'inauguration de la fibre optique soit qualifiée sans rire d'indépendance technologique.

Du coup, des expressions pour qualifier notre pays, (et son élite, qu'elle soit scientifique ou dirigeante), fusent : « république des inconscients », « pays des fous », ou encore « scandale géologique » ou même « scandale politique et moral ». Dans tous les cas, aux yeux des observateurs même les mieux disposés à notre égard, la RD Congo brille plus par l'étendue de ses problèmes ou « l'avidité de ses dirigeants » (dixit Jean-Baptiste PLACCA), que par ses performances économiques.

Lors de son passage à Kinshasa à l'occasion du sommet de la francophonie, le président tunisien, qui se réclame...de LUMUMBA, a fait part de son émotion de « se retrouver dans ce pays, à qui DIEU semble avoir tout donné ». Sauf une élite consciente de ses responsabilités devant Dieu et l'histoire, serait-on tenté d'ajouter.

En fait, la situation particulière de notre pays s'explique par un fait simple. Ou mieux, une vérité éternelle qui défie les temps et les espaces. Une vérité que des nombreux observateurs se complaisent à nier. La vraie richesse, les vraies potentialités sont celles que Dieu a données de manière égale à tous les peuples. Elles sont constituées de la matière grise, ou mieux, du cerveau. Les scientifiques les plus qualifiés l'attestent ; le cerveau humain est le même pour tous les individus quelles que soient leurs races.

Ce sont donc les peuples qui utilisent le mieux les potentialités de leurs cerveaux qui réussissent. D'ailleurs, même le peuple « élu », le peuple juif, s'est d'abord illustré par son intelligence, son acharnement au travail, son remarquable sens de l'organisation pour bâtir en moins d'une génération, un Etat craint et respecté dans le monde. Et, mettre en place, une démocratie parlementaire capable de faire partir, par le jeu normal des règles démocratiques, un premier ministre « indélicat », (Monsieur Olmert il y a quelques années), soupçonné de percevoir, dans l'exercice de ses fonctions, de « pots de vin ». Tout en le mettant à la disposition d'une justice indépendante. Ou encore, concevoir et appliquer une politique économique volontariste ayant construit un système agricole capable de « fertiliser » le désert et non d'être simplement « entretenu » par des discours.

Que dire des asiatiques, notamment les quatre dragons dont les premiers rôles dans les nouvelles technologies s'expliquent avant tout par la qualité du capital humain, et non par l'abondance de leurs ressources naturelles.

C'est sans doute fort de cela que SAMUEL PISAR estime que « quand les théories, les doctrines, les idéologies ont fait faillite, une seule croyance survit et s'élève : l'Homme. La confiance en l'homme, en son aventure infinie ».

Dans ces conditions, on ne peut que déplorer le fait que les dirigeants congolais puissent d'une part « décréter » l'émergence du pays à l'horizon 2030, proclamer « la révolution de la modernité » et dans le même temps...négliger le secteur de l'enseignement supérieur ainsi que les structures d'instruction permanente. Sans parler de la recherche scientifique. Pas plus qu'il n'est guère réjouissant de mettre en place des commissions d'enquête couteuses pour le contribuable...pour ignorer ensuite leurs conclusions même si elles comportent des faits infractionnels impliquant les plus hauts responsables de l'Etat. Ceux-là même qui devaient cultiver, plus que les autres, la république de l'exemplarité.

Ces « dérives » se déroulent, hélas, dans un contexte où l'on parle volontiers, sans rire, de démocratie, de bonne gouvernance, d'Etat de droit et de « tolérance zéro ». Elles surviennent dans une situation où l'on jure de manière solennelle de respecter les lois de la république tout en violant de manière permanente, comme l'attestent différents rapports de la cour de compte, la loi budgétaire, la loi financière et le règlement général sur la comptabilité publique. C'est-à-dire, les règles mises en place pour assurer une gestion orthodoxe du budget, et donc des ressources financières disponibles.

Ces « errements » interviennent également à un moment ou les gouvernants, le premier ministre en tête, décrètent l'agriculture « priorité des priorités » tout en allouant à ce secteur des crédits moins importants que ceux prévus pour le fonctionnement...de la primature. Ils se manifestent au cours d'une période où, la main sur le cœur, nos dirigeants proclament leur attachement au social, à la santé publique et à l'éducation nationale...tout en réservant à ces secteurs des enveloppes moins importantes que celles prévues...pour l'entretien de deux chambres du « parlement ». Oubliant au passage que la démocratie implique avant tout le respect du peuple. Ce qui, entre autres, doit se traduire par des crédits conséquents vers les secteurs de l'agriculture, de la santé publique et de l'éducation nationale. Dans ces conditions, lorsqu'on entend le président du parlement qualifier son institution de « temple de la démocratie », on se demande s'il faut en rire ou en pleurer.

ARMAND HAMMER, l'ancien P.D.G. de Occidental Petroleum, une compagnie pétrolière américaine, qui, tout au long de sa vie a eu à gagner suffisamment d'argent pour en partager à travers le monde, affirme : « la plus haute expression de l'être humain vient de ses efforts créateurs, quand on fait appel à toutes les ressources de son imagination, de son intelligence et de sa compréhension. Tout au long de ma vie, j'ai essayé de mobiliser, chaque jour, toute mon énergie et mon intelligence pour bien faire mon travail ».

Plaise au ciel, qu'au cri du coq, le peuple congolais, si prompt à rêver d'Europe, se réveille avec cette vérité : le bonheur ne se trouve ni au Nord, ni au Sud, ni à l'Est, ni à l'Ouest. Il se trouve en nous même, pour autant que nous sachions utiliser les ressources inépuisables de notre cerveau. L'Eternel lui-même nous demande de fructifier nos talents, ou mieux les potentialités qu'il nous a généreusement données. Et cela ne dépend pas uniquement du lieu où l'on se trouve.

Que la religion (le peuple congolais est parait-il très croyant), soit perçue pour ce qu'elle devait être : une exigence à l'égard de soi-même, le respect absolu des valeurs morales, la crainte de l'Eternel. Une volonté de développer ses talents. Au risque, nous dit la bible, de les perdre au profit de ceux qui font des efforts. Le tout se traduisant, comme l'a dit un jour NELSON MANDELA par « la volonté de regarder au plus profond de soi-même, dans les replis de son âme pour en extirper les démons qui l'habitent... »

30 JUIN 1960 – 30 JUIN 2014 : MIRACLES ET MIRAGES D'UNE NATION INDEPENDANTE

La célébration du 54ème anniversaire de l'indépendance amène JPK a présenter les mirages et les miracles qu'offre le pays a la face du monde

Au moment où la République Démocratique du Congo célèbre le 54ème anniversaire de son indépendance, le moins que l'on puisse dire est que le pays offre à la face du monde, une image contrastée. Elle est loin du tableau idyllique qu'avait présenté Patrice LUMUMBA, alors premier ministre, un certain 30 juin 1960. Celui-ci, après avoir instruit entièrement à charge le régime colonial Belge, avait dessiné les contours d'un pays désormais géré par ses propres fils ; une nation prospère, un espace de liberté et de justice pour tous. 54 ans après, on est loin du compte. La situation est-elle pour autant tout à fait noire ?. Rien n'est moins sûr.

Au chapitre des conflits inter-ethniques ou inter-religieux, le pays présente une situation moins alarmante que dans bien des pays africains. Ici, du nord au sud, de l'est à l'ouest, en passant par le centre, c'est le sentiment national qui prédomine. Il n'existe pas, on ne sait quel groupe extrémiste, stigmatisant les uns ou les autres à cause de leurs appartenances religieuses ou ethniques, ou excellant dans les prises d'otages. Le pays a certes été le théâtre de ce que Colette BRAECKMAN avait qualifié de « première guerre mondiale africaine », mais la nation n'a connu ni implosion, ni explosion. Si la fusion entre toutes les composantes n'est pas tout à fait réalisée, on ne peut pas non plus sérieusement parler de fission. Sur le plan de la criminalité, une ville comme Kinshasa a des statistiques moins dramatiques que celles des grandes villes d'Europe ou d'Amérique. Et puis, à l'intérieur des frontières congolaises, le taux de suicides, celui de la consommation des tranquillisants est quasi nul. Partout, le visiteur le plus sourcilleux ne peut qu'être impressionné par la gentillesse, la bonne humeur et la convivialité des habitants.

La population s'intègre peu à peu à la modernité. Dans les centres urbains, l'accès aux nouvelles technologies de l'information et de la communication, aux services bancaires est désormais possible pour une frange de plus en plus grande de la population. Avec l'irruption des décodeurs, le petit congolais a la même interprétation du monde que le Belge, le Français, ou l'allemand. Dans la quasi-totalité des domaines de la connaissance, on trouve une vraie élite, des réelles compétences.

Cependant, ce tableau quelque peu flatteur cohabite avec une situation marquée notamment par la crispation politique, le naufrage social et la « relative » bonne tenue des agrégats macroéconomiques.

C'est surtout au niveau de l'élite dirigeante que des efforts doivent être accomplis. Et pour cause. Celle-ci a pour vocation de tirer toute la société vers le haut, de transformer les aspirations des masses en projets, de fabriquer l'espoir, de rendre possible ce qui est souhaitable à force d'ambition, d'audace, de créativité et surtout de dévouement à l'intérêt général. Cela passe bien sûr par un leadership responsable et orienté vers le progrès à tous les niveaux. Du plus haut sommet de l'Etat au niveau du bureau du quartier.

Hélas, hélas, hélas, trois fois hélas, les dirigeants de la RD Congo ressemblent presque trait pour trait au tableau qu'avait dépeint dès...1972, TIBOR MENDE. Ce dernier parlant des dirigeants du Tiers-Monde, avait écrit ceci :

« Leurs personnalités ont été modelées par des relations par des valeurs et des goûts étrangers. Leurs émoluments et autres avantages matériels sont basés sur des échelles « métropolitaines ».

De par leurs habitudes mentales, ils sont plus à l'aise dans le confort et le style de vie des pays riches que dans le cadre traditionnel de leur propre société. Leur raffinement importé est devenu incompatible avec les façons de vivre locales. Leur mépris pour leurs compatriotes non instruits ne le cède en rien à celui des dirigeants coloniaux du passé.

Le complexe d'infériorité acquis en singeant leurs anciens maîtres est compensé par un souci excessif de gloriole et de prestige social. D'où une arrogance, une condescendance et une rapacité grotesques, le tout justifié par l'incapacité présumée des exploités à aspirer à la même situation d'expatriés virtuels qu'ils ont eux-mêmes atteint.

Ainsi, coupés des masses, ils éprouvent un sentiment d'insécurité et de crainte qui se transforme en une conviction que tout changement menaçant les privilèges existants jouerait également contre les intérêts de la communauté dans son ensemble. N'ayant en règle générale aucune idéologie, ils poursuivent uniquement leur intérêt personnel et sont loyaux à l'égard de ceux qui contribuent à le satisfaire. Telle est la pente qui conduit à n'être plus qu'un colonisateur interne ».

Peut-on sérieusement soutenir que nos « excellences » et nos « honorables », sans oublier bien sûr nos « grands-prêtres », et nos « mopao » ou encore « préso » (expressions souvent utilisées pour désigner ceux qui respirent une certaine opulence) échappent à ce tableau ?. Il est permis d'en douter.

Pour s'en convaincre, il suffit de faire un audit de la dépense publique au cours de ces dernières années. Vous remarqueriez alors certains faits « étonnants ». Le premier ministre MUZITO avait inauguré son arrivée au pouvoir par une augmentation de 70 % du budget de...la primature. Et son successeur a réfectionné à coups de millions de dollars cette même primature. Pour le reste, nos députés bénéficient des émoluments parmi les plus élevés du continent africain. Alors que le pays compte une des proportions les plus élevées (70 %) de la population pauvre en Afrique.

Ceci expliquant cela, 54 ans après l'indépendance, le pays n'a accompli aucune mutation économique majeure : en RD Congo, le premier poste d'exportation est constitué...des produits miniers à l'état brut. Et la nation importe l'essentiel de sa nourriture. Et, les « excédents budgétaires » (selon la propagande du gouvernement ou de la « troika stratégique » qui se réunit chaque lundi autour du premier ministre), cachent mal des nombreux besoins de base non satisfaits. Si on ajoute que le pays négocie mal avec l'extérieur...

Alors, que faire ? Lorsqu'on est au fond d'un trou, le plus sage est de cesser de creuser. Plaise au ciel que la célébration du 54ème anniversaire suscite dans le chef de tout le monde, une vraie révolution mentale en faveur de la modernité ou du bon sens tout simplement. Henry KISSINGER l'avait dit un jour, « la politique c'est le bon sens appliqué aux grandes choses ». A tous les niveaux, nous devons cultiver le bon sens et...la volonté. C'est-à-dire, l'aptitude à prendre des bonnes résolutions et celle de les mettre effectivement en pratique. Cela vaut pour tout le monde, et ce, dans les toutes petites choses, car, il n y a pas des senseurs d'un côté et des criminels de l'autre. Nous sommes tous embarqués dans la même pirogue. Bonne fête de l'indépendance.

LES EXAMENS D'ETAT, UN CIRQUE ?

La publication mouvementée des examens d'état à Kinshasa amène JPK en ce mois de juillet 2013 à s'interroger sur la valeur du système éducatif de la RD Congo

Il y a quelques semaines, à la faveur de la publication des examens d'Etat, Kinshasa a été le théâtre de véritables scènes d'hystérie collective. Les heureux lauréats se sont vu saupoudrer de poudre blanche (usage courant pour fêter un diplômé à Kinshasa) et ont réservé le même sort à leurs proches. Le tout dans une ambiance hystérique où l'on a vu les diplômés, déchirer leurs uniformes, danser dans les rues, ou même fréquenter les bars et débits de boisson jusqu'à une heure tardive. D'autres ignorant le code de la route ou les exigences de la circulation routière, se sont engouffré à plusieurs dans des voitures et ont roulé à vive allure, question de fêter avec faste, parfois même, hélas, en état d'ivresse.

Cette « médiatisation » du succès des uns, cache mal les échecs des autres. A ce sujet, les chiffres pour la ville de Kinshasa sont effarants. La capitale de la RDC n'a réalisé que 52 % de réussites, alors que la moyenne nationale est de 68 %. C'est dire que, dans la capitale, près d'un élève sur deux a échoué.

Une certaine opinion parle de 16 morts. Les uns meurent suite à une expression débordante de joie, les autres, en revanche quittent la terre des hommes, à la suite des actes de désespoir. Qu'elle est d'actualité, cette réflexion de François MITTERRAND, l'ancien président Français, selon laquelle « la bonne gestion d'un échec procure parfois à long terme plus de satisfaction que la jouissance inconsidérée d'un succès ».

Tout ceci cache une véritable tare dans la société, le culte du diplôme. Si celui-ci représente en gros un document officiel qui atteste une certaine connaissance, l'on a fini dans notre pays par attacher plus d'importance au document qu'à ce qu'il est censé représenter. Dans le même temps, l'on accorde un intérêt démesuré au processus classique d'acquisition des connaissances, en négligeant non seulement la nécessité d'apprendre par soi-même, mais aussi les structures d'éducation permanente. Sans parler de la nécessité d'actualiser ses connaissances par la lecture, l'observation et l'échange avec les autres.

Dans tout cela, on ne s'interroge même pas pour savoir si le profil actuel du diplômé d'Etat correspond aux exigences de la mondialisation ou même du marché du travail. Ailleurs, on attend d'un tel récipiendaire, au moins trois aptitudes ; la maîtrise de l'outil informatique notamment des nouvelles technologies de l'information et de la communication, la maîtrise d'au moins deux langues étrangères et une culture générale susceptible de fournir au futur étudiant des outils pour s'adonner à la recherche, ou même des connaissances techniques susceptibles d'être mises à contribution en faveur du secteur productif du pays. Peut-on sérieusement affirmer que dans notre pays on tend vers cet état des choses ?

Plus tard, le même élève lorsqu'il aura obtenu un diplôme de graduat, se livrera, à quelques nuances près, au cri de « alongi na ye » (il a vaincu), aux mêmes scènes dans les rues de Kinshasa. Il est fort à parier qu'il puisse hélas rejoindre la cohorte non pas des créateurs mais de demandeurs d'emploi. Ce diplômé, censé être rationnel, sera même prêt, à embrasser des pratiques moralement peu recommandables, notamment, la fréquentation de quelque loge « mystique » pour obtenir une occupation plantureusement rémunérée.

Ailleurs, notamment en Chine et aux Etats-Unis, sans parler des 4 dragons asiatiques, nombre d'observateurs ont observé que la croissance économique s'explique largement par le rang mondial de leurs universités. Ici au pays, la multiplication du nombre des diplômés dans tous les domaines, ne semble pas résoudre de manière significative les défis auxquels est confrontée la RDC.

Pourtant, derrière chaque diplômé universitaire, derrière chaque récipiendaire provoquant des cris « alongi na ye », se cache un travail de recherche, un travail de fin d'étude mené en respectant, en principe, les normes en la matière. En fait, si chaque étudiant, chaque futur diplômé opte, en guise de travail de fin d'études, pour un sujet contribuant à régler de manière scientifique l'un ou l'autre problème de développement qui se pose dans son environnement, le pays s'en porterait mieux. Car chaque diplômé représenterait des perspectives de solution à l'un ou l'autre problème qui se pose au pays.

Et à ce sujet, notre société offre une large panoplie des choix, notamment la gestion des déchets urbains, l'organisation rationnelle du transport en commun, l'aménagement urbain selon des normes internationales, le montage des unités locales de production des bus et des pièces de rechange, la mise sur pied d'un schéma de développement conforme aux opportunités (et contraintes) propres à une région, la mise sur pied d'un schéma de développement susceptible à la fois de favoriser la création des richesses et l'élimination de la pauvreté de masse...pour ne citer que ceux-ci.

Tout ceci suppose bien entendu, une collaboration étroite entre gouvernants, entreprises, administrations publiques et universités, le tout sur fond, d'une vision qui ferait de l'université une organisation où l'étudiant est au centre. Une organisation qui remplirait rationnellement ses trois devoirs avec toute la rigueur nécessaire, l'enseignement, la recherche et le service à la société.

De plus, l'université étant un endroit où l'on trouve la plus grande concentration des personnes hautement qualifiées dans des nombreux domaines, cela doit se refléter dans son environnement. Celui-ci, à défaut d'être luxueux, doit être au moins propre et connecté aux nouvelles technologies de l'information et de la communication. Tout en se caractérisant par une organisation rationnelle de ressources et une gestion rationnelle des espaces. Dans le même temps, les différents comités de gestion doivent, nous semble-t-il, être des exemples vivant de la bonne gouvernance, et ainsi, donner un signal à l'ensemble de la société.

Hélas, hélas, hélas, une observation même sommaire de nos différentes universités, surtout publiques, révèle qu'on est véritablement loin de cet état des choses. Il nous faut, non pas une réforme, mais une véritable révolution de fond en comble du monde universitaire congolais, de manière à ce que tout étudiant, tout diplômé soit véritablement, un signe d'espérance (et perçu comme tel) non pas seulement pour sa famille, mais aussi pour sa rue, son quartier, sa commune et, pourquoi pas, son pays. Il suffit qu'à tous les niveaux, s'opère d'abord une révolution mentale. Toute révolution, avait dit un jour un certain GORBATCHEV, commence dans les esprits.

C'est aussi cela, Monsieur LAMBERT MENDE, l'éducation à la nouvelle citoyenneté, cet assainissement des mœurs, dans les milieux universitaires sensés fournir au pays, l'élite dont il a besoin pour opérer la révolution de la modernité destinée à faire du pays dans les années à venir, une nation véritablement émergente.

COMESA : LES ENJEUX ET LES ILLUSIONS D'UN SOMMET

La tenue en grande pompe d'un sommet régional à Kinshasa amène JPK à s'interroger sur le meilleur parti à tirer de l'appartenance du pays à des organisations régionales.

La République Démocratique du Congo vient d'abriter le 17ème sommet de la COMESA, le marché commun de l'Afrique orientale et centrale. Ceci expliquant cela, pendant trois jours, la population a eu droit à un véritable ballet diplomatique ou plutôt protocolaire ; chefs d'Etats, ministres étrangers, diplomates de tous les horizons...se sont donné rendez-vous dans la capitale congolaise. Bien entendu, la presse présidentielle a fait de cet « évènement » ses choux gras, se félicitant de cette énième « victoire diplomatique » pour les autorités congolaises. Et, cerise sur un gâteau décidément bien garni, au terme de ce sommet, le flambeau de la présidence est passé au chef de l'Etat de la RD Congo, Joseph KABILA. Ainsi, durant un an, c'est notre président qui sera le grand patron de cette institution. De quoi flatter notre orgueil national.

Une fois les lampions éteints, que restera-t-il de ce sommet pour le citoyen lambda ?, quelles réelles perspectives apporte-t-il à notre pays dont la pauvreté absolue touche 71 % de la population ? Ce qui est sûr, les mœurs politiques étant ce qu'elles sont en République Démocratique du Congo, ce sommet a été certainement une « bonne affaire » pour tous ceux qui ont été chargés de l'intendance. Il serait intéressant, d'évaluer après coup, les dépenses réellement engagées pour l'organisation de ce forum, par rapport à ce qui a été débloqué au départ. L'expérience du sommet de la francophonie, est encore hélas vivace dans les mémoires. Quid de l'audit commandité à cet effet ? Enfin passons.

Cela étant, que devrait, en théorie, attendre la RD Congo, (qui soit dit en passant est membre d'au moins 145 organisations internationales), d'une organisation régionale ?. En réalité, (du moins en théorie) au moins trois choses.

D'abord, un élargissement du marché pour nos industriels et nos opérateurs économiques ; la possibilité de vendre et de s'implanter au-delà des frontières nationales, à l'horizon de l'Afrique orientale et centrale. A l'inverse, notre pays devrait bénéficier des investissements provenant des pays de l'Afrique centrale et orientale. Ce qui, en principe, devrait se traduire, pour le consommateur congolais, par un éventail de choix de produits et services dans son environnement.

Ensuite, la possibilité de bénéficier de temps en temps d'un concours financier provenant d'un fonds de solidarité régionale. Autrement dit, aux ressources financières internes devraient s'ajouter des ballons d'oxygène de la part des partenaires régionaux.

Et enfin, l'opportunité de jouir des mécanismes de la sécurité collective. Et donc, des réelles garanties en vue de prévenir ou de faire face à une éventuelle agression extérieure.

Avec la COMESA va-t-on vers cet état des choses ? Il serait naïf de répondre par l'affirmative. Il y a fort à parier que ce genre de forum se résume à des belles résolutions (qu'on oublie aussitôt) et des banquets copieux entre chefs d'Etats. Il est tout aussi improductif de s'enfoncer dans le fatalisme et le pessimisme.

Ce qu'il faudrait, c'est partir d'une vision stratégique, et inscrire nos actions au nom de ce grand dessein. Dans cette perspective, chaque pas, chaque étape doit être un but qui nous porte en avant.

Autrement dit, plutôt que de se demander ce qu'une organisation régionale peut nous apporter, travaillons chaque jour pour que notre pays soit, chaque jour, un signe d'espérance pour les ensembles régionaux. Qu'il soit plus attractif, plus compétitif dans divers domaines. Créons à l'intérieur de nos frontières un espace de paix, de liberté, de bonne gouvernance. Rapprochons nous, dans chaque domaine, dans chaque secteur, des normes internationales. Faisons ce que les marqueteurs appellent le « benchmarching », c'est-à-dire, étudions la manière dont les autres créent et entretiennent le succès pour l'adapter à notre contexte.

Ce qui est vrai pour la RD Congo en tant que pays, l'est également pour chaque province, chacune des subdivisions administratives si minimes soient-elles. En clair, chaque individu, à quelque niveau que ce soit, doit, plutôt que d'adopter une attitude plaintive et pleurnicharde, travailler pour être un signe d'espérance pour sa famille, sa rue, son quartier, s'engager résolument, chaque jour dans une action inspirée par la réflexion pour promouvoir l'excellence. Bien entendu, plus on assume des responsabilités, plus cette exigence est impérieuse. C'est à cette seule condition que notre pays va tirer le meilleur parti de son appartenance à une multitude d'organisations régionales. Le reste n'est qu'illusions ou pire, tragi comédie.

VOICI LE TESTAMENT DE MANDELA A L'HUMANITE

JPK s'interroge sur l'héritage de Mandela

Pour beaucoup d'observateurs avertis de l'actualité internationale, MANDELA gardera l'image d'un extraterrestre, un peu comme, avant lui, Mahatma Gandhi. En fait si aujourd'hui, l'Afrique du Sud est passée sans trop de heurts, du régime odieux d'apartheid, à celui d'un pays démocratique multiracial, unanimement respecté à travers le monde, il la doit en grande partie à cet homme exceptionnel.

Emprisonné durant 27 ans à cause de sa lutte contre l'apartheid, il était sorti de prison et avait pu négocier avec ses bourreaux, une transition non conflictuelle vers un régime démocratique, sans esprit revanchard.

Elu président au terme des premières élections pluralistes, il avait, au terme de son premier mandat, quitté librement le pouvoir, presque avec soulagement. Depuis, sans détenir le moindre pouvoir, il s'était imposé comme le sage, le père de la nation. Un tel homme n'appartient pas seulement à sa nation, il est un patrimoine de l'humanité.

Bien entendu, il appartiendra à l'histoire avec un grand H, avec suffisamment de recul, sans sentiments ni ressentiments des uns vis-à-vis des autres, d'apprécier son héritage à l'humanité. Mais le journaliste, cet historien du présent, se doit de livrer son évaluation sans attendre. Bien entendu, en prenant la distance objective nécessaire, comme l'exige son noble métier.

Me livrant à cet exercice, je peux, comme mon aîné BECHIR BEN YAHMED, le patron de Jeune Afrique, constater que primo Mandela exigeait beaucoup de lui-même et des autres, plaçait la barre très haut, secundo que de grandes affaires qui occupent en ce moment nos dirigeants politiques auraient été déjà résolues si elles avaient bénéficié de l'effet Mandela.

De ce qu'a énoncé Mandela on peut retenir sept principes qui valent pour toutes les personnes détentrices d'une quelconque parcelle du pouvoir à quelque niveau que ce soit. Les voici :

« 1) Vous ne pouvez pas obtenir un résultat si, au fond de vous-même, vous n'avez pas l'intime conviction qu'il se produira : la paix ne se réalise que si celui ou celle qui la veut y croit de toute son âme.

Vous la gagnerez si vous en rêvez et n'abandonnez jamais.

2) Qui veut faire la paix doit savoir faire des compromis et accepter d'en faire. Il aura à prendre beaucoup de risques, y compris pour sa réputation et sa vie.

3) J'ai chéri l'idéal d'une société démocratique et libre dans laquelle nous vivrions tous ensemble, en harmonie et avec des chances aussi égales que possibles pour tous. Cet idéal, j'en ai fait le but de ma vie ; je l'ai jugé accessible et j'ai pensé que je pouvais contribuer à le réaliser. J'ai aussi accepté de courir le risque de mourir pour qu'il se réalise.

4) le courage, ce n'est pas l'absence de peur, mais la capacité à la dominer. L'homme brave n'est donc pas celui qui n'a pas peur, c'est celui qui triomphe de sa peur.

5) Lorsque j'ai franchi la porte de ma cellule, puis celle de la prison vers la liberté, je savais que si je ne laissais pas derrière moi l'amertume et la haine, je resterais à jamais leur prisonnier.

6) Les négociations pour la paix et la réconciliation sont en elles-mêmes une thérapie. Elles ne peuvent aboutir que si vous avez la volonté de regarder au plus profond de vous-même, dans les replis de votre âme pour en extirper les démons qui l'habitent.

L'une des choses les plus importantes que j'ai apprises en négociant la paix est que si je ne changeais pas moi-même, je ne pouvais pas changer mes interlocuteurs. Car, ils sont des êtres humains, comme moi : avec leur passé, leurs mythes, leurs blessures, leur soif de dignité.

7) Seuls les être libres sont à même de négocier et de prendre des engagements ; un prisonnier ne peut pas signer de contrat qui engage »

Ces règles soulignent au moins une évidence, la légitimité peut s'apprécier aussi bien du point de vue des conditions de l'accession pouvoir que du point de vue de son exercice. Ainsi, un dirigeant, même élu démocratiquement, doit, dans l'exercice du pouvoir respecter certaines règles, respecter la minorité, sous peine d'être frappé d'illégitimité, avant même la prochaine élection. Puisse notre classe politique si prompte à soulever des questions juridico-politique, parfois sans rapport avec les réelles attentes de la population, s'en inspirer.

LE PAPE JEAN-PAUL II ET L'AFRIQUE

La canonisation de Jean-Paul II, un ami de l'Afrique pousse JPK a parler de son message sur le continent africain

Le 27 avril 2014, l'église catholique a procédé à la canonisation, (c'est-à-dire à l'élévation au rang de « saints ») de deux papes, Jean-Paul II et Jean XXIII. Cet évènement a suscité, on s'en doute, beaucoup de controverses à travers le monde. Cela, à l'image de la papauté. Car, pourquoi ne pas le dire, sous le soleil, il n'existe aucune institution dont le titulaire est auréolé d'autant de gloire...et de controverses que l'institution papale.

Au-delà de toutes les polémiques, et de tous les débats philosophico-théologico-eschatologiques que suscite l'institution papale, ou même cette manifestation, le monde continuera à tourner. Egrenant au passage une multitude d'évènements. Tout ceci, au nom d'une loi qui semble immuable ; sous le soleil il existe un perpétuel et régulier travail de création et de destruction, de ruine et de naissance. Il y a d'une part des « vérités » éternelles (domaine de la religion) et des « vérités » provisoires, sans cesse ou susceptibles d'être remises en cause (domaine de la science).

Force est de reconnaître, que quelles que soient les controverses qu'à suscité la personnalité du pape Jean-Paul II, celui-ci a connu un parcours remarquable, accompagnant les grandes mutations de l'histoire. D'aucuns, comme GORBATCHEV, pas toujours à tort d'ailleurs, lui attribuent même la chute du communisme.

Toujours est-il que, cet homme, familier aussi bien de vérités éternelles que provisoires, a eu une relation presque charnelle avec l'Afrique. Il a eu un premier contact physique avec ce continent un certain 02 mai 1980 en entrant par la porte du Zaïre aujourd'hui, République Démocratique du Congo. Au total il aura effectué 13 voyages missionnaires dans cette région du monde.

Au moment où l'Afrique se trouve au degré zéro de grandes espérances, hésitant entre le chaos, la barbarie et un dessein grandiose, il est sans doute important de réfléchir sur l'une ou l'autre observation de Jean-Paul II sur l'Afrique. Surtout qu'au cours de cette année 2014, nous commémorons un double évènement, le 20ème anniversaire des premières élections pluralistes et multiraciales en Afrique du Sud, ainsi que…le 20ème anniversaire du…génocide rwandais.

Lors de son premier voyage, avant de quitter le continent, il avait tenu à adresser aux africains, comme il l'avait souligné lui-même un message « jailli du cœur, médité devant Dieu et exigeant car venant d'un ami pour ses amis ».

Ainsi, Jean-Paul II avait dit en substance ceci « l'Afrique m'a paru un vaste chantier, à tous points de vue, avec ses promesses et aussi, peut-être ses risques. Où que l'on aille, on admire une entreprise considérable en faveur du développement et de l'élévation du niveau de vie, en faveur du progrès de l'homme et de la société. Le chemin est long à parcourir. Les méthodes peuvent être différentes et se révéler plus ou moins adaptées…Il n'est pas facile de maîtriser pareil bouillonnement, de faire que les forces vives servent au développement authentique. La tentation est grande, en effet, de démolir au lieu de construire, de se procurer à grand prix des armes pour des populations qui ont besoin de pain, de vouloir s'approprier le pouvoir fut-ce en entraînant les ethnies contre d'autres dans des luttes fratricides et sanglantes ou encore de succomber à l'ivresse du profit au bénéfice d'une classe des privilégiés…ne tombez pas dans cet engrenage désastreux... ».

Auparavant, à l'attention des jeunes, il avait dit, « les hommes qui font avancer l'histoire, au niveau le plus humble ou le plus élevé, sont bien ceux qui demeurent convaincus de la vocation de l'homme : vocation de chercheur, de lutteur, de bâtisseur. Quelle est votre conception de l'homme ? C'est une question fondamentale...parce que vous avez le devoir de réussir votre vie ».

En terre Zaïroise, (en RD Congo), il avait souligné « ...l'église-peuple de Dieu est un mystère...l'Eglise, c'est le Christ vivant aujourd'hui sur tous les continents, en tous ceux qui se sont convertis et se convertissent sans cesse à lui, à tel point que leur vie n'est plus seulement leur vie, mais celle du Christ en eux... ». Ainsi, les vrais chrétiens, dans son esprit « sont mystérieusement unis et intégrés à la vie du Christ ressuscité, glorifié à la droite de Dieu, comme les membres le sont à la tête... ».

Dans l'esprit de Jean-Paul II, cette vision doit se vérifier dans les comportements quotidiens, en famille, dans le quartier, dans les milieux professionnels...et être entretenue par une solide catéchèse destinée à renforcer les liens personnels avec Jésus-Christ. Une catéchèse qui doit veiller au bon équilibre entre la formation doctrinale et la part de la méditation, de la conversation avec Jésus-Christ, « qui sait ce qu'il y a dans le cœur de l'homme » (Jean : 2 : 25).

Tout ceci provoquant un renouveau, une rupture à accomplir dans la vie personnelle, familiale, culturelle, sociale, nationale, dans les coutumes, dans les institutions. L'évangile pouvant être comparé à un vin nouveau qui demande des outres neuves ou encore à un tissu neuf qui ne peut être ajusté que sur un vêtement neuf.

En ce moment particulier de l'histoire de la RD Congo, où la quête d'une modernité à visage humain est plus que nécessaire, il est peut être opportun de recourir aux lumières de Jean-Paul II. Amen.

EN GUISE DE POST SCRIPTUM

Il y a quelques années, le 25 mars 1971, le président MOBUTU, -- s'adressant à des journalistes réunis en congrès à Kinshasa-, avait, à l'attention de ses cadets dans la profession journalistique, dit :

« ...La qualité d'un journal, qu'il soit écrit ou parlé ou télévisé, est d'abord et avant tout, fonction de la qualité de son information. On dit en effet ; ''ce journal est très bien informé''....Après avoir dit d'un journal qu'il est bien informé, on ajoute généralement qu'il est bien écrit, puis bien illustré, que le style en est plaisant et que les rubriques en sont variées : Ce sont toutes ces qualités qui font le succès d'un organe d'information, et c'est naturellement vers cela que vous devez tendre, autant que vous êtes. Car le journalisme est un métier difficile et sa pratique illustre mieux que la pratique de n'importe lequel des métiers, à quel point il est difficile pour un homme ou pour une femme de recommencer chaque jour sa tâche.

Je vous invite donc à être des journalistes bien informés, à vérifier chacun des points que vous traitez dans vos articles et dans vos journaux, afin que tous ceux qui recueillent les informations que vous avez digérées et mises en forme pour eux puissent avoir une grande confiance en vous.

Lorsque cette confiance vous est acquise alors commence pour vous à se révéler le côté exaltant de votre profession. C'est à partir de là que vous trouverez un public réceptif, que vous pouvez suivre et mesurer, de jour en jour, de semaine en semaine, la progression de l'impact de votre pensée sur la manière de penser et de vivre des gens. N'est-ce pas, dans ce que je viens de dire, la meilleure définition qui soit du développement : cette progression lente, pas à pas, qui de jour en jour nous fait découvrir un aspect de la connaissance et de l'art de vivre que nous ignorions la veille ?

C'est cette progression, lente et constante, qui nous permet de marcher longtemps, de ne jamais nous arrêter, qu'en aucun moment une rupture de rythme ne vienne mettre en péril, en nous essoufflant, les acquis du chemin parcouru jusque-là.

...La tâche principale qui vous incombe est de bien comprendre les évènements de notre vie nationale...Il est...essentiel que vous les captiez bien, que vous en saisissiez bien chaque nuance, pour que vous puissiez, ensuite, en exposer la signification profonde à des gens qui n'ont pas, comme vous, la chance d'approcher de près les sources de l'évènement et les réalités de l'exercice du pouvoir ».

Or tout ceci suppose entre autres, carnet d'adresses garni, facilités des contacts, qualités d'enquêteur, culture générale, bon style, facilité de composition. Et bien entendu, l'ancien recteur de l'IFASIC l'a souligné, de la passion, et, on serait tenté d'ajouter, l'amour du travail bien fait. En fait, un journaliste qui se respecte, doit être pénétré de la noblesse de son métier et s'effacer derrière lui, au-delà de toute autre considération. Face aux puissants, il ne doit adopter ni l'hostilité systématique ni la servilité abjecte.

Aujourd'hui plus que hier, le journaliste doit être un étudiant à vie, mettant chaque jour, à jour son information dans divers domaines, et cherchant à chaque fois, à se mettre dans la peau et le mental de ses divers interlocuteurs.

Jean-Paul KUKABUSU
Expert consultant et journaliste indépendant
0814335062- 0824893052

TABLES DES MATIERES

www.ingramcontent.com/pod-product-compliance
Lightning Source LLC
Chambersburg PA
CBHW060430260626
47161CB00005B/1861